つくろう！ あそぼう！
ひかりとかげ

切り絵　版画　写真

むらかみ ひとみ

玉川大学出版部

季節のまどかざり ▶ 72

口絵2

どうぶつの切り絵 ▶ 68

切り絵ステンドグラス　しおりとモビール ▶ 76

ピエロとかげのカード ▶ 116

色えんぴつで色をつける［ステンシル版画］▶ 84

スポンジで色をつける
［ステンシル版画］▶ 86

口絵 4

スポンジローラーで色をつける［ステンシル版画］▶ 88

クリアファイルで型紙をつくる
［ステンシル版画］ ▶90

白黒どうぶつ ▶94

口絵5

いろいろな顔 ▶ 108

口絵6

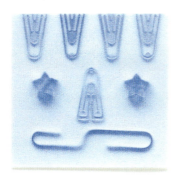

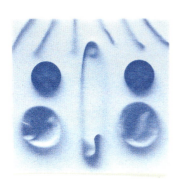
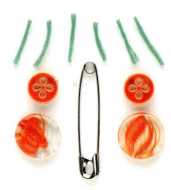
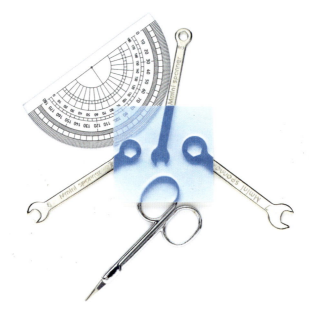

さかなのじゃばら絵本 ▶ 122

葉っぱコレクション　葉っぱと日光写真 ▶ 112

口絵 7

切り絵ステンドグラス
ランプシェード ▶ 80

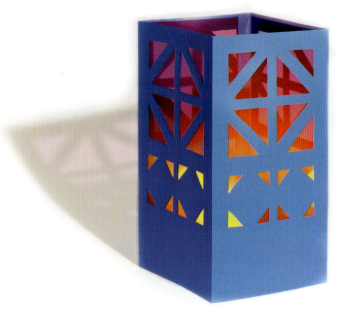

口絵8

色のついたひかりとかげ ▶ 120

つくろう！ あそぼう！
ひかりと かげ

切り絵　版画　写真

むらかみ ひとみ

玉川大学出版部

はじめに

　この本は「ひかりとかげ」を科学的に学んだり考えたりするものではありません。「ひかりとかげ」をテーマに作品をつくりながら楽しむ本です。

　「ひかりとかげ」はいろいろなとらえかたができますが、明るいと暗い、昼と夜、白と黒、表とうらなど、どれも反対の意味をもち、対になっています。「ひかり」があれば「かげ」もできるのです。太陽や電気のひかり、自分やもののかげ……「ひかりとかげ」はわたしたちにとって、とても身近なものです。

　本のなかでは、「切り絵」「版画」「写真」の3つの技法を紹介しています。「切り絵」の切るところとのこすところ、「版画」の彫るところとのこすところも対になっていて、「ひかりとかげ」の考えかたと似ています。「切り絵」と「版画」は絵をかくときとはまたちがったおもしろい表現ができ、「写真」は工作が苦手な人でもとりくみやすい技法です。また、「写真」は「ひかり」がないとうつらないので、「ひかりとかげ」がとてもたいせつになってきます。

　むずかしく考えず、まずはいろいろな「ひかりとかげ」をつくってあそんでください。やったことがないことにも、ぜひチャレンジしてみてください。楽しんでいくうちに、いままでにはないすてきな作品がうまれることでしょう。

つくってあそぶのに たいせつなこと
準備(じゅんび)はしっかり

なにかものをつくるとき、思(おも)いつきでつくりはじめて
いつのまにか机(つくえ)や部屋(へや)がぐちゃぐちゃに
ちらかってしまったことはありませんか?
とくに版画(はんが)や写真(しゃしん)は、ふだん絵(え)をかくときには
使(つか)わないものもあるので、しっかり準備(じゅんび)をしてから
はじめましょう。

[この本(ほん)には3つのマークがでてきます。

 用意(ようい)するもの

 つくりかた

 できあがり]

もくじ

- 2 はじめに
- 3 準備はしっかり
- 6 図案 もくじ

●道具の説明

- 8 基本の道具
- 10 版画の道具
- 12 彫刻刀
- 13 ビニールゴム板
- 14 絵の具
- 16 紙
- 18 写真の道具

●つくりかた・あそびかた ■基本■

- 20 切り絵
- 26 版画
- 36 写真

●おなじテーマでつくってくらべる ■基本■

人のシルエットをつくる
- 46 切り絵
- 48 ステンシル版画
- 50 ゴム版画
- 52 写真
- 54 人のシルエットをくらべる

葉っぱのシルエットをつくる
- 56 切り絵
- 58 ステンシル版画
- 60 ゴム版画
- 62 日光写真
- 64 葉っぱのシルエットをくらべる

- 66 切り絵の下絵のうつしかた

●作品づくり ■応用■

切り絵
- 68　どうぶつの切り絵
- 72　季節のまどかざり
- 76　切り絵ステンドグラス　しおりとモビール
- 80　切り絵ステンドグラス　ランプシェード

版画

[ステンシル版画]
- 84　色えんぴつで色をつける
- 86　スポンジで色をつける
- 88　スポンジローラーで色をつける
- 90　クリアファイルで型紙をつくる

[ゴム版画]
- 94　白黒どうぶつ
- 98　2色刷り版画

写真

[カメラでとる写真]
- 106　さんぽでかげを見つけよう

[日光写真]
- 108　いろいろな顔
- 110　葉っぱコレクション

- 114　絵の具のついた道具の片づけかた

●組み合わせてつくる ■応用■
- 116　切り絵＋ステンシル版画　ピエロとかげのカード
- 120　切り絵＋写真　色のついたひかりとかげ
- 122　切り絵＋日光写真　さかなのじゃばら絵本

- 126　わたしの道具
- 127　あとがき

図案　もくじ

原寸サイズ（じっさいのサイズ）の図案です。
画用紙やゴム板にうつして使います。

切り絵

- 家 [2つ折り]……24
- 家…………………25
- 人 [2つ折り]……46
- 葉っぱ……………56
- ゾウ………………70
- カメ………………71
- ライオン…………71
- 花…………………74
- さかな……………74
- 落ち葉……………74
- 雪の結晶…………74
- とりのモビール…75
- 家のしおり………79
- 月と星のしおり…79
- ランプシェード…83
- ピエロ [2つ折り]…119
- ちいさなさかな…124

ステンシル版画

- とり………………44
- えんぴつ [2つ折り] 85
- リンゴ……………87
- ネコ………………92

●切り絵、ステンシル版画の下絵のうつしかた→66ページ

ゴム版画

- 木…………………44
- 人…………………50
- 葉っぱ……………60
- パンダ……………93
- マレーバク………96
- シマウマ…………97
- ブレーメンのおんがくたい 100

●ゴム版画の下絵のうつしかた→31ページ

道具の説明

この本で使う道具や画材を紹介します。いつも使っている文房具のほかに、版画や写真用の道具もあります。

基本の道具

この本でよく使う道具です。
絵をかくときや工作に使います。

えんぴつ

図案や下絵をかきます。

色えんぴつ

図案や下絵に色をぬります。

ボールペン
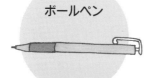
カーボン紙に図案を
うつすときに使います。

油性ペン

クリアファイルに図案を
うつすときに使います。

マスキングテープ

手で切ることができ、
はってはがせるテープです。

スティックのり

紙どうしやセロファンを
はりつけます。

道具の説明

ものさし

長さをはかるときや、まっすぐ線をひくとき、カッターで紙などを切るときに使います。

タイマー

時間をはかります。

はさみ

紙やゴム板を切ります。

クリアファイル

ステンシルの型紙や日光写真に使います。

カッター

紙やゴム板を切ります。切りにくくなったら、刃を折って新しい刃にしましょう。

カッターマット

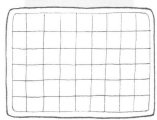

カッターを使うとき机をきずつけないように、かならず下にしきます。

版画の道具

版画を刷るときに使う道具です。
画材店で手に入ります。

たんぽ

ステンシルで色をつけるときに使います。

●たんぽのつくりかた→27ページ

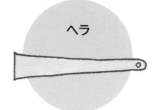

ヘラ

絵の具をのばしたり、色をまぜたりします。

メラミンスポンジ

ステンシルで色をつけるときに使います。

トレー

発泡スチロールの食品トレイです。絵の具をだして、パレットにして使います。きれいに洗っておきましょう。

新聞紙

絵の具を使うとき机がよごれないようにしきます。

道具の説明

版画スポンジローラー

ゴム版に絵の具をぬるときや、ステンシルで色をつけるときに使います。
- ペンキ用ではなく版画用のものを使いましょう。

インクねり板

バレン

版画を刷るときに使います。

絵の具をのばすためや、ローラーに絵の具をつけるために使います。プラスチックの下じきや板、トレーでもいいです。

バレンのかわり

スプーン

バレンがないときは、大きめのスプーンがかわりになります。

スプーンをにぎり、くるくるまわして使います。

彫刻刀
ちょうこくとう

ゴム版画では丸刀と三角刀という2種類の彫刻刀を使います。彫る線や面に合わせてえらびましょう。

丸刀
まるとう

▼彫ったゴム版

▼刷ったときのようす

刃先がUの字になっています。
やわらかい線や大きな面を彫るときに使います。太いものと細いものがあると、図案に合わせて使いわけができます。

三角刀
さんかくとう

▼彫ったゴム版

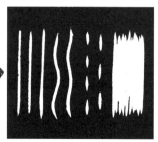

▼刷ったときのようす

刃先がVの字になっています。
りんかく線や細くするどい線を彫るときに使います。

- 彫刻刀を使うときはまわりの人に注意しましょう。
- 版画は刷るともようが反転します。

12

ビニールゴム板

ゴム版画で使う板です。木版画で木の板を彫るように彫刻刀で彫ります。やわらかくて彫りやすいので、はじめての人にもおすすめです。

ビニールゴム板

片面が青、もう片面が緑になっていて両面を彫ることができます。彫るとグレーになるので、彫ったところがわかりやすいです。すこしかたいですが、カッターやはさみで切ることができるので、大きさやかたちも自由につくれます。

- ●この本の図案はどれも、はがきサイズ(10cm×15cm)のゴム板で彫ることができます。
- ●消しゴムはんこ用や天然ゴム板などもありますが、この本では版画用の「ビニールゴム板」を使っています。
- ●画材店やネットショップで買うことができます。

道具の説明

絵の具

ステンシル版画には水彩絵の具、ゴム版画には版画用絵の具を使うのがおすすめです。

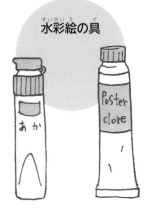

水彩絵の具

ステンシル版画の色をつけるときに使います。とうめい水彩絵の具と、ポスターカラーなどのふとうめい水彩絵の具がありますが、どちらでもだいじょうぶです。

使いかた

水でうすめず、そのまま使います。絵の具がかたいときやかわいてきたときは、すこし水を加えてください。

●画材店やネットショップで買うことができます。

道具の説明

水性版画絵の具

ゴム版画に使います。ふつうの絵の具とおなじように色をまぜることができ、水性なので水でかんたんに洗いながせます。

版画絵の具は水彩絵の具よりものびがよく、むらなくきれいに色をつけることができます。

●油性版画絵の具は水で落とせないので、この本では使いません。

使いかた

水でうすめず、そのまま使います。絵の具がかたいときやかわいてきたときは、すこし水を加えてください。

 版画絵の具のかわり

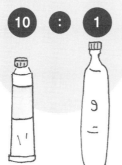

水彩絵の具 : でんぷんのり
10 : 1

ゴム板は水彩絵の具だけだと、はじいてしまって色がつきません。版画絵の具がないときは、水彩絵の具にでんぷんのりと水をすこし加えてまぜるとねばりがでて、版画に向いた絵の具になります。

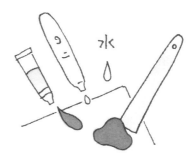

紙
かみ

紙にはいろいろな種類があります。つくるものによって素材や大きさ、厚さなどをえらびましょう。

画用紙・色画用紙

折り紙のようにうすい紙だとカッターで切るときにやぶれやすいです。厚さがあり、すこしじょうぶな紙をえらびましょう。画用紙はステンシルの型紙にも使います。

●切り絵には洋紙が向いています。上質紙、ラシャ、タント、マーメイドといった種類の紙が、色もたくさんあっておすすめです。

カラーセロファン

とうめいでいろいろな色があり、ひかりを通すときれいです。画用紙の切り絵と組み合わせて使います。とうめい折り紙でもいいです。

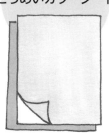

のりなしではれる　とうめいカラーシート

ひかりを通すカラーシートです。切り絵に使います。のりがなくても、ガラスやプラスチックにはることができます。

道具の説明

トレーシングペーパー

半とうめいのうすい紙です。切り絵や版画の下絵をうつすときに使います。

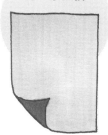

カーボン紙

版画の下絵をゴム板にうつすときに使います。黒い面を下にして使います。

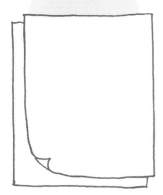

版画を刷る紙

和紙やうすめのスケッチブックの紙など、画用紙よりもうすい紙がおすすめです。コピー用紙のようなつるっとした紙だと絵の具をはじいてしまいます。ざらっとした紙のほうが絵の具がきれいにつきます。

- バレンで版の絵の具を紙にうつしとるとき、紙がうすいほうがバレンの力がつたわりやすいです。
- ステンシル版画を刷る紙は、画用紙でも版画を刷る紙でもだいじょうぶです。

写真の道具

写真をとるにはカメラが必要です。カメラはおとなにかりて、いっしょに使いましょう。

カメラ

デジタルカメラ、携帯電話やスマートフォンのカメラ、使いすてカメラなどがあります。使いやすいものをえらびましょう。

アイロン・アイロン台

コピーアートペーパーに熱を加えるときに使います。やけどに気をつけておとなといっしょに使いましょう。

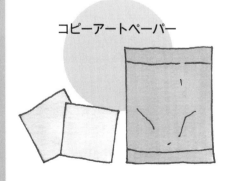

コピーアートペーパー

日光（紫外線）をあてたあとアイロンをかければ、もののかたちやかげをうつすことができる感光紙です。

- ネットショップで買うことができます。
- 使わないときはアルミぶくろに入れて、ひかりのあたらないところに保管してください。

つくりかた・あそびかた

基本

「切り絵」「版画」「写真」の3つの技法について、基本のつくりかた・あそびかたを説明します。

切り絵

下絵にそってはさみやカッターで紙を切りぬく切り絵。2つ折りにして切ると、かたちともようが左右対称になります。カッターを使うと、より自由に線やかたちを切ることができます。

用意するもの

色画用紙

はさみ

カッター

カッターマット

▲図案よりすこし大きいサイズを使います。図案に合わせて用意しましょう。

つくりかた・あそびかた ■ 基本

 ## 切り絵のあそびかた

①色画用紙に下絵をうつします。

コピーした図案をテープではったり、直接かきうつしたりします。

●切り絵の下絵のうつしかた
　→66ページ

②下絵にそってはさみやカッターで切ります。

コピーした図案をはった場合は、はった図案と色画用紙の2枚をいっしょに切ります。

③できあがり！

●図案→24〜25ページ

[はさみを使った切り絵]

りんかくを切り抜く切り絵であれば、はさみで切ることができます。紙を2つ折りにしてはさみで切って広げると、左右対称のととのったかたちになります。

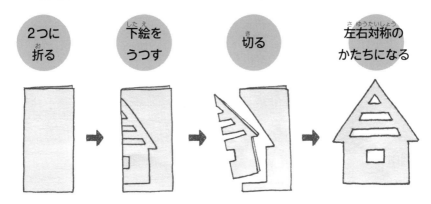

はさみの使いかたのコツ

はさみの切る角度は変えず、紙を切る方向にまわしていくと切りやすいです。かさなった紙はすこしかたいかもしれません。はさみの先ではなく、ねもとの部分を使うと切りやすいです。

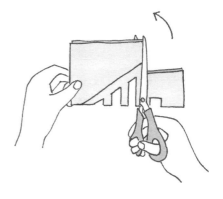

きれいに切りとるコツ

はさみやカッターで、切ったつもりなのに、はしが切れていないことがよくあります。切る線の先の1mmほど外側まではみだして切ると、角まできれいに切りとれます。すこしなので、切ったあとも、めだちません。

［カッターを使った切り絵］

線を切ったりもようを切り抜いたり、はさみよりこまかい表現ができます。安全に楽しむために正しく使いましょう。

カッターのもちかた

カッターの刃は2つぶんほど出します。出しすぎると刃がぐらぐらしてあぶないので気をつけましょう。

えんぴつとおなじもちかたをして、先のほうをもつと安定します。

● カッターを使うときはカッターマットをしいて、机をきずつけないようにします。

▲上からつきさすとあぶないです。

▲カッターの刃をねかせると、切ることができません。

カッターの使いかた

カッターをもっていないほうの手で、紙がずれないようにしっかりおさえます。自分のほうに向かってカッターの刃をひきます。下絵に合わせて紙をまわして、切る線がいつでも手前にくるようにしておくと切りやすいです。

● ぶあつい紙やかさねた紙を切るときは一度に切ろうとしないで、何度かおなじところに刃を入れて切りましょう。

図案 ………………………………  家 [2つ折り]

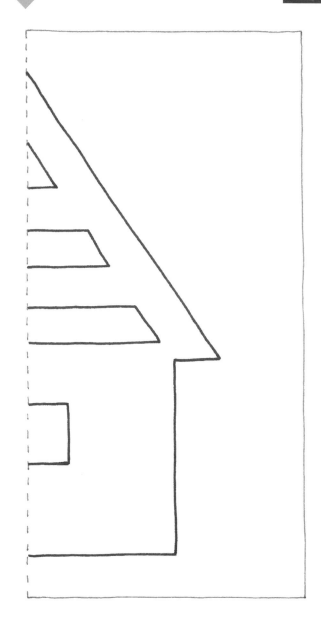

カッターの刃が切れなくなったときは

カッターを使っていると刃が欠けたり切れがわるくなったりするので、こまめに刃を折って新しい刃にします。あぶないのでおとなにてつだってもらいましょう。

●カッター刃折処理器というものもあります。安全に刃を折ることができ、ケースのまま処分できます。

カッター刃折処理器

家

つくりかた・あそびかた　基本

版画
この本では、型紙を使ってかたちをうつすステンシル版画と、ゴム板を彫刻刀で彫ってバレンで刷るゴム版画を紹介します。

ステンシル版画

ゴム版画

つくりかた・あそびかた 基本

[ステンシル版画]

型紙を紙の上においで内側や外側に絵の具をつけると、紙にかたちがうつしだされます。切り絵で型紙をつくるので、切り絵であそんだあとは、ステンシル版画にも挑戦してみてください。

 用意するもの

- 画用紙
- カッター
- はさみ
- 水彩絵の具
- 紙 ▲ 画用紙でも版画を刷る紙でもいいです。
- カッターマット
- マスキングテープ
- たんぽ
- トレー

たんぽのつくりかた

- わた
- 輪ゴム
- 布（ハギレ）

布でわたをくるんで輪ゴムでとめます。

ステンシルには型紙の内側に色をつける「内ぬり」と、外側に色をつける「外ぬり」があります。両方ためしてみましょう。

● ステンシルの型紙

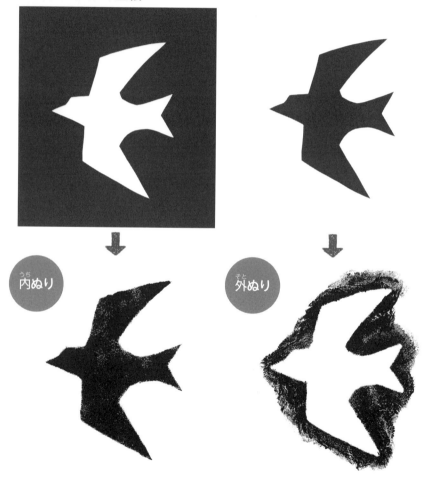

- 見本の画用紙の大きさは15cm×15cmです。図案に合わせて調整しましょう。
- 内ぬりでは、切り抜いた図案のまわりにも絵の具がつくため、画用紙は図案より2～3cm大きいものを使って、中心に下絵をかきましょう。

つくりかた

①ステンシルの型紙をつくります。

切り絵とおなじ方法で画用紙に下絵をうつし、カッターやはさみで切り抜きます。

②切り抜いた型紙を紙の上において、ずれないようにテープでとめます。

内ぬりでは図のようにとめますが、外ぬりでは、テープを輪にして型紙のうらにはってとめます。

●図案→44ページ
●切り絵の下絵のうつしかた→66ページ
●はさみを使った切り絵→22ページ
●カッターを使った切り絵→23ページ

③トレーに水彩絵の具を出してたんぽになじませ、型紙の内側や外側にポンポンとおしつけて色をつけていきます。

絵の具は水でうすめずに使います。絵の具がかわいたらすこし水を加えてください。

④絵の具がかわいたら、型紙をゆっくりもちあげてはずします。

[ゴム版画]

ゴム板に下絵をうつし、彫刻刀で彫って版をつくり、バレンで刷ります。ゴム板はやわらかく彫りやすいので、彫刻刀を使いはじめたばかりの人にも向いています。おなじ下絵でも彫るところを変えると、ちがった仕上がりになります。

● 彫ったゴム版

● 刷ったとき

● 版画を刷るためにつくるのが「版」です。
● 彫刻刀で彫ったところは絵の具がつかず、のこしたところに絵の具がつきます。

ゴム版画の下絵のうつしかた

用意するもの

ビニールゴム板　トレーシングペーパー　カーボン紙

ボールペン　えんぴつ　マスキングテープ

▲両面使えるので どちらを使ってもいいです。
▲トレーシングペーパー、カーボン紙は、図案にあわせて切って使います。

① 下絵の上にトレーシングペーパーをのせ、ずれないようにテープでとめて、えんぴつで下絵の線をなぞります。
●図案→44ページ

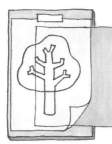

●カーボン紙は黒い面を下にして使います。

② 刷ると絵が反転するので、トレーシングペーパーをうらがえしてゴム板の上におきます。テープでとめて、あいだにカーボン紙をはさみます。

大きくてはみだすときは、ゴム板のうらにまわしてとめます。

③ ボールペンで強めに下絵の線をなぞり、うつしおわったらすべてはがします。

えんぴつよりボールペンのほうが線がうつりやすいです。うつしわすれがないようにしましょう。

ゴム版画の彫りかた

下絵をうつしたら彫刻刀で彫ります。下絵を見ながら、彫るところとのこすところを確認して彫りましょう。彫るところにしるしをつけるとわかりやすいです。

用意するもの

彫刻刀　　はさみ　　カッター　　カッターマット

▲彫刻刀の種類や太さは、自分が使いやすいものをえらびましょう。　●彫刻刀→12ページ

①彫刻刀は、指をのばして刃にちかい部分をにぎります。刃はねかせて、前におしだすように動かします。もう片方の手は版をおさえます。

●版をおさえるほうの手が彫刻刀の前にこないように気をつけましょう。彫ったときのいきおいで刃が手にあたってしまうかもしれません。

彫刻刀をもっている手の薬指を版につけると安定します。上からさすように力を入れてしまうと、彫刻刀がつっかかりうまく彫れません。

②どこから彫りはじめてもいいです。手前からおくに向かって彫刻刀を動かします。彫りやすいように、版をまわして角度を変えながら彫りすすめていきましょう。

③角や彫りおわりの部分は、きちんと彫れていないとガタガタのままのこってしまいます。逆の方向から彫刻刀を入れるときれいに彫れます。

● ゴム板は彫るとグレーになるので、彫ったところがわかります。
● 彫りのこしたところにも絵の具がついてしまうので、きちんと彫れたか確認しましょう。

④背景がない図案のときは、りんかくを2cmほど彫り、まわりをはさみやカッターで切ります。

版のかたちをのこして、図案のない部分を彫ってもいいですが、はさみやカッターでかんたんに切れるのもゴム板のとくちょうです。

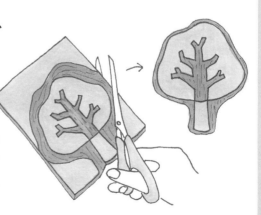

● かたいので気をつけて切りましょう。

ゴム版画の刷りかた

版画は一度版をつくれば何枚でも刷ることができます。刷るたびに風合いがちがってくるのも版画のおもしろいところです。

 用意するもの

版画を刷る紙
水性版画絵の具

ヘラ

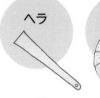
バレン

版画スポンジローラー

インクねり板

新聞紙

① インクねり板の上に版画絵の具を出してヘラでのばし、ローラーを手前からおくに向かっておなじ方向にころがして、絵の具をむらなくたいらになじませます。

ヘラを使わずローラーだけでのばしてもいいです。

② 新聞紙の上に彫った版をおいて、ローラーで絵の具をぬります。

版全体に絵の具がつくように、いろいろな方向にローラーを動かしましょう。

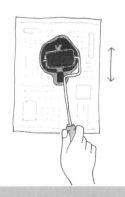

③刷る紙の大きさがわかるようにしるしをつけた紙をしき、その上に、版を移動させます。

版と紙をおく場所をわかりやすくするためです。刷る紙とおなじ大きさに切った新聞紙の上に版をのせてもいいです。

版をヘラですくいあげると、手がよごれず動かしやすいです。

④しるしに合わせて、版の上に刷る紙をそっとおきます。

⑤紙がずれないように片手でおさえ、バレンをくるくる動かしながら絵の具を刷りとります。

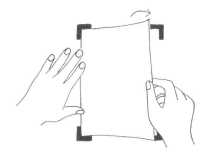

⑥紙をそっとめくれば刷りあがりです。

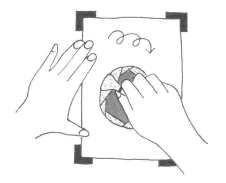

版のすみずみまでバレンを動かします。絵の具が紙にうつると、版画がうすくすけてきます。

つくりかた・あそびかた ■ 基本 ■

写真

写真は、とってもらうことも楽しいですが、自分でとるのも楽しいものです。
この本ではカメラでとる写真と、太陽のひかりでかたちを焼きつける日光写真を紹介します。それぞれの方法で、もののかたち、ひかりやかげをうつしてみましょう。

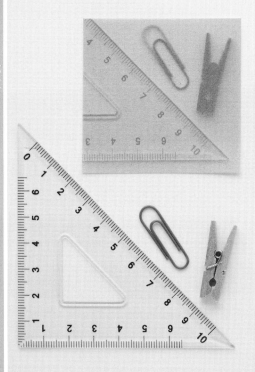

写真のあそびかた

[カメラでとる写真]

①とるものを見つける。

②写真をとる。

③プリントする。

[日光写真]

①とるものを見つける。

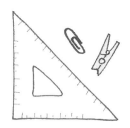

②日光をあてる。

「感光させる」ともいいます。

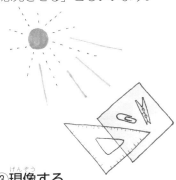

③現像する。

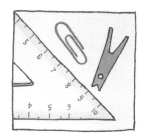

ただ写真をとるのではなく、なにかテーマを決めてとると楽しいです。

［カメラでとる写真］

自分のカメラをもっている人もいるかもしれません。もっていない人はおうちの人にかりて、いっしょに写真をとってみましょう。

用意するもの

カメラ

デジタルカメラ、携帯電話やスマートフォンのカメラ、使いすてカメラなど、使いやすいものを用意してください。
カメラは機械なので、たいせつにていねいに使いましょう。

カメラをかまえるときは、両手でしっかりカメラをもちます。ブレてしまわないようにわきをしめ、ピントを合わせてシャッターをおします。

カメラのレンズに指がかかっていないか気をつけましょう。

写真にたいせつなひかりとかげ

写真をとるとき、ひかりはとてもたいせつです。
晴れた日の屋外や、電気のついている室内など、明るいところでとりましょう。そのほうが写真になれていない人もうまくとれます。

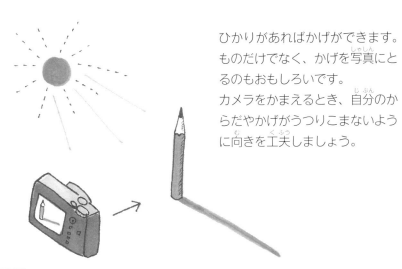

ひかりがあればかげができます。ものだけでなく、かげを写真にとるのもおもしろいです。
カメラをかまえるとき、自分のからだやかげがうつりこまないように向きを工夫しましょう。

写真をプリントする

写真をとるだけでも楽しいですが、とった写真をプリントすると記念や作品としてのこしておけます。

- プリントの方法はいくつかあるので、おとなに聞いてみましょう。やりやすい方法で、用紙もすきなものを使ってください。

- プリント方法は、おうちのプリンター、カメラ屋さん、家電量販店のセルフプリント機、コンビニのプリントサービス、インターネットやアプリでの注文などがあります。

[日光写真]

太陽のひかりで、もののかたちやかげをうつすことができるコピーアートペーパーを使います。日光にあてたあとに熱を加えると、ひかりのあたったところは白く、ものをおいたりかげになったりしていたところは青くなります。

 用意するもの

うつしたいもの

コピーアートペーパー

タイマー

アイロン・アイロン台

▲ひかりにあたらないように、使う直前までアルミぶくろに入れておきます。あけたふくろの口はひかりが入らないように折り曲げておきましょう。

 日光にあてる時間（感光時間）

室内に入ってくる
直射日光
▼
約30秒〜1分
夏▶約10〜20秒

明るい室内
▼
約2〜8分
室内のひかりの強さによって変わります。

屋外の直射日光
▼
約10〜20秒
夏▶約3〜5秒

晴れた日の目安です。くもりの日はひかりが弱いので、時間がかかります。雨の日や暗い室内ではできません。

●ひかりをうけて化学変化をおこすことを「感光」といいます。

日光写真のあそびかた

①コピーアートペーパーの黄色い面の上に、ものをおきます。

おなじ大きさの紙（6cm×6.2cm）の上においてみて、構図を考えておくとやりやすいです。

●日光にあたるとすぐに感光がはじまります。ひかりが強いときはカーテンをしめて、すばやく準備しましょう。

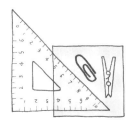

②日光にあてて、もののかたちを感光させます。おわったら、それ以上ひかりがあたらないようにします。

コピーアートペーパーの表面が黄色から白になったら、感光ができたというしるしです。

●日光にあてる時間→40ページ

③感光させたらすぐに、アイロンで熱を加えます。

熱さを低～中にして約5秒、熱を加えると白から青になります。

●色のむらができないように均一にアイロンをあてましょう。

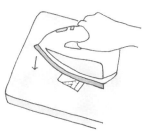

④できあがり！

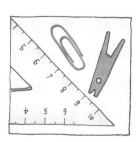

日光写真 [もの見本]

いろいろなものを日光写真にしました。どんなふうにうつるか、じっさいのものとくらべてみましょう。

安全ピン

細く、厚みもないので、かたちがきれいにうつります。

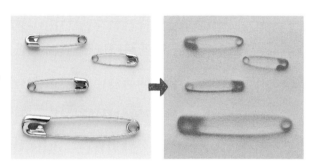

輪ゴム

かさなっているところは、すこしぼやけた円になっています。

ボールチェーン

キーホルダーなどに使われる金属のチェーンです。ちいさな玉まできれいにうつります。

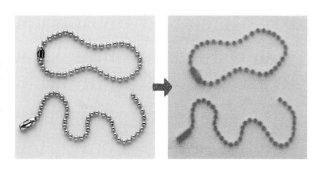

ひかりがあたらなかったところは、こい色になります。
平べったいものはりんかくがくっきりでて、立体的なものは
かげもうつり、とうめいのガラスはひかりを通します。

おはじき

ガラスがひかりを通すので、もようやかげもでています。

ボタン

まんなかのちいさなあなにひかりが通り、ボタンのかたちがでています。

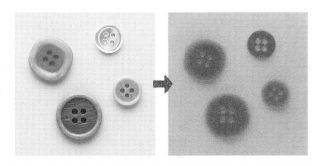

貝がら

ギザギザのりんかくがでています。高さがあるのでかげもうつっています。

つくりかた・あそびかた ■ 基本 ■

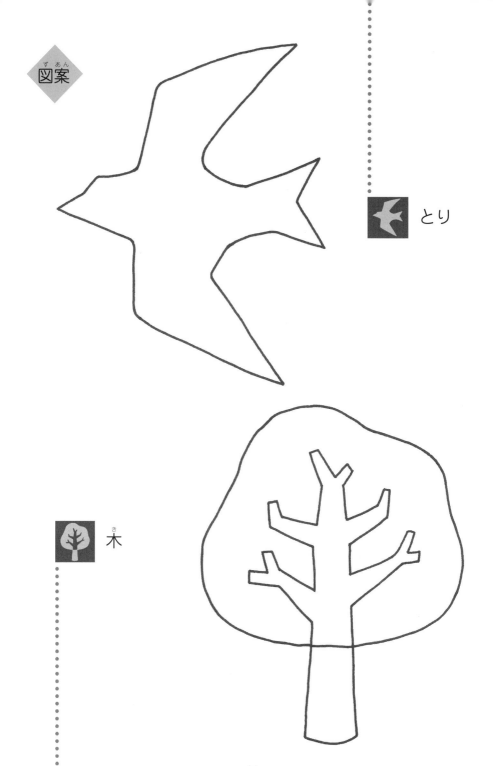

おなじテーマで つくってくらべる

基本(きほん)

切り絵、ステンシル版画、ゴム版画、写真、日光写真。それぞれの技法で「人」と「葉っぱ」のシルエットをテーマにつくってくらべてみましょう。似ているところ、ちがうところを見つけてみてください。

人のシルエットをつくる

切り絵

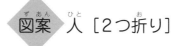 図案 人［2つ折り］

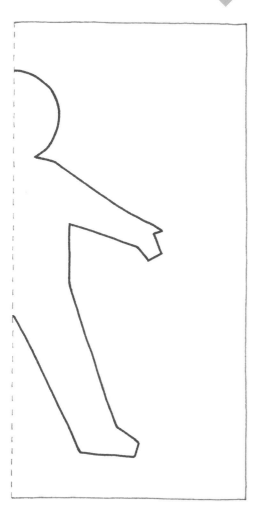

 つくりかた

① 色画用紙を2つ折りにして、下絵をうつします。

② 線にそってはさみで切り、ゆっくりと広げます。

はさみの切る角度は変えず、紙を切る方向にまわしていくと切りやすいです。
かさなった紙はすこしかたいかもしれません。はさみの先ではなく、ねもとの部分を使うと切りやすいです。

●切り絵の下絵のうつしかた→66ページ

おなじテーマでつくってくらべる ■ 基本 ■

●切り抜かれた色画用紙

2つ折りの切り絵は、下絵の線にそってとぎれないように切ると、切り抜かれた紙の外側がきれいにのこります。これも作品です。ステンシル版画の型紙にもなります。

●はさみを使った切り絵→22ページ

人のシルエットをつくる
ステンシル版画

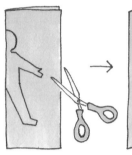 

 つくりかた

①人のシルエットの切り絵の切り抜かれた画用紙を、ステンシルの型紙として使います。

切り抜いた図案のまわりにも絵の具がつくため、画用紙は図案より2〜3cm大きいものを使って中心に下絵をかきましょう。

②型紙を紙の上において、ずれないようにテープでとめます。

③トレーに水彩絵の具を出してたんぽになじませ、型紙の内側にポンポンとおしつけて色をつけていきます。

④絵の具がかわいたら、型紙をゆっくりもちあげてはずします。

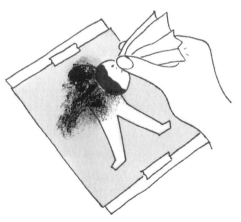

●図案→46ページ
●ステンシル版画のつくりかた→29ページ

●ステンシルの型紙
　＝切り絵で切り抜かれた画用紙

まわりに余白を多くとるので、画用紙の大きさは15cm×18cmでつくります。

できあがり

おなじテーマでつくってくらべる ■ 基本 ■

人のシルエットをつくる

…ゴム版画

図案 人

- ●ゴム版画の下絵のうつしかた→31ページ
- ●ゴム版画の彫りかた→32ページ
- ●ゴム版画の刷りかた→34ページ

● ゴム版

 つくりかた

① ゴム板に下絵をうつします。
② 彫刻刀で彫り、まわりをはさみやカッターで切りとります。
③ インクねり板に版画絵の具をのばして、ローラーで版に絵の具をつけます。
④ 紙をおいてバレンで刷ります。

おなじテーマでつくってくらべる ■ 基本 ■

人のシルエットをつくる

- 写真

 つくりかた

① 晴れた日にカメラをもって外にでます。

　くもっているとかげがくっきりでないので、
　晴れた日の明るい時間がいいでしょう。

② 地面やかべなど、人のかげがきれいにでるところを
　見つけて、かげの写真をとります。

　自分のかげでも、いっしょにいる人や友だちのかげでもいいです。
　自分以外の人のかげをとるときは、自分のからだやかげがうつり
　こまないように、カメラをかまえる方向を工夫しましょう。

③ プリントします。

●カメラでとる写真→38ページ

おなじテーマでつくってくらべる ■ 基本 ■

でき
あがり

太陽の位置によって、かげはのびたりちぢんだりします。いろいろなポーズでとってみましょう。

人のシルエットをくらべる

切り絵、ステンシル版画、ゴム版画、写真。

それぞれの技法でつくった「人のシルエット」をくらべてみましょう。

切り絵

ゴム版画

おなじテーマでつくってくらべる ― 基本

ステンシル版画

写真

ステンシル版画の型紙は、切り絵の切り抜かれた外側を使いました。

おなじポーズの人のシルエットでも、技法を変えるとイメージが変わってきます。

葉っぱのシルエットをつくる

・切り絵

図案 葉っぱ

 つくりかた

①色画用紙に下絵を うつします。

②線にそって、はさみか カッターで切ります。

シルエットはりんかく線だけ なので、切りやすいほうを使 いましょう。

●切り絵の下絵のうつしかた→66ページ

はさみやカッターの切る角度は変えず、紙を切る方向にまわしていくと切りやすいです。
角度がついたところを切るときは、ちがう角度から切ると切りやすいです。

●はさみを使った切り絵→22ページ
●カッターを使った切り絵→23ページ

葉っぱのシルエットをつくる

:::ステンシル版画

葉っぱそのものもステンシルの型になります。葉っぱのまわりに色をつけると、外ぬりステンシルができます。

つくりかた

①葉っぱをとってきます。

とってきた葉っぱは、新聞紙にはさんで重しをしておくと、湿気がとれてかたちがくずれにくくなります。

②トレーに水彩絵の具を出して、たんぽになじませます。

③葉っぱを紙の上におき、まわりにポンポンとたんぽをおしつけて色をつけていきます。

葉っぱがずれないように、指でおさえながら絵の具をつけます。

④絵の具がかわいたら、葉っぱをそっとはずします。

●ステンシル版画のつくりかた→29ページ

●型（かた）に使（つか）った
　葉（は）っぱ

おなじテーマでつくってくらべる　■　基本（きほん）　■

葉っぱのシルエットをつくる

・ゴム版画

図案 葉っぱ

 つくりかた

①ゴム板に下絵をうつします。
②彫刻刀で彫り、まわりをはさみやカッターで切りとります。

●ゴム版画の下絵のうつしかた→31ページ

●ゴム版

③インクねり板に版画絵の具をのばして、ローラーで版に絵の具をつけます。
④紙をおいてバレンで刷ります。

●ゴム版画の彫りかた→32ページ
●ゴム版画の刷りかた→34ページ

おなじテーマでつくってくらべる ■ 基本 ■

できあがり

葉っぱのシルエットをつくる

:日光写真

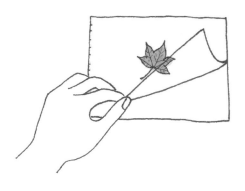

 つくりかた

①葉っぱをとってきます。

たいらなほうがきれいにかたちがうつるので、葉っぱがまるまっていたら、クリアファイルにはさんでたいらにします。

②コピーアートペーパーの上に葉っぱをおき、日光にあてて感光させます。

日光にあたるとすぐに感光がはじまるので、すばやく準備しましょう。クリアファイルはひかりを通すので、写真には葉っぱのかたちしかうつりません。

●日光にあてる時間→40ページ

③約5秒間、アイロンで熱を加えます。

感光させたらすぐにアイロンをあてましょう。アイロンはやけどに注意して、おとなといっしょに使いましょう。

●日光写真のあそびかた→41ページ

●葉っぱ
は

おなじテーマでつくってくらべる　■基本■
きほん

葉っぱのシルエットをくらべる

切り絵、ステンシル版画、ゴム版画、日光写真。

それぞれの技法でつくった「葉っぱのシルエット」をくらべてみましょう。

切り絵

ゴム版画

おなじテーマでつくってくらべる ■ 基本 ■

ステンシル版画

日光写真

日光写真とステンシル版画は、葉っぱのかたちをそのままうつしています。ゴム版画は背景をつけた図案にしました。切り絵と版画は似ているので、工夫すればそれぞれの図案を使うこともできます。

切り絵の下絵のうつしかた

図案よりすこし大きい画用紙にうつします。
自分のうつしやすい方法をとりましょう。
ステンシル版画の下絵のうつしかたもおなじです。

かさねる

図案をコピーするかトレーシングペーパーや線がすける うすい紙にうつします。画用紙の上にかさねてテープでとめて画用紙といっしょに切ります。

画用紙に直接うつす3つの方法

1.えんぴつでなぞる

コピーやうつした図案のうらをえんぴつで黒くぬりつぶし、画用紙に図案を上にしてかさねて線をなぞってうつします。

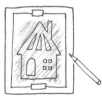

2.かきうつす

図案を見てかきうつします。こい色画用紙にうつすときは、色えんぴつを使うと線が見やすいです。

3.カーボン紙をはさむ

コピーやうつした図案を画用紙の上にかさねてテープでとめ、あいだにカーボン紙をはさんで線をなぞってうつします。

作品(さくひん)づくり

応用(おうよう)

基本(きほん)のつくりかた・あそびかたがわかったら応用(おうよう)してみましょう。
「切(き)り絵(え)」「版画(はんが)」「写真(しゃしん)」の技法(ぎほう)を使(つか)って、もっといろいろな作品(さくひん)をつくってみます。

切り絵　どうぶつの切り絵

ゾウ、ライオン、カメの切り絵をつくります。
台紙にはってかざってもすてきです。

●カラー作品　口絵2ページ

用意するもの

 色画用紙
 カッター
 カッターマット
はさみ
スティックのり

作品づくり　応用

 ## つくりかた

①色画用紙に下絵を
うつします。

●図案→70〜71ページ
●切り絵の下絵のうつしかた
　→66ページ

②まず、なかのもようを
カッターで切り抜きます。

③つぎに、りんかくを
切ります。

そのままカッターで切っても、
はさみで切ってもいいです。

④切った切り絵とはちがう色
の色画用紙にのりではりま
す。

●カッターを使った切り絵→23ページ

図案(ずあん) ……………………………………………… ゾウ

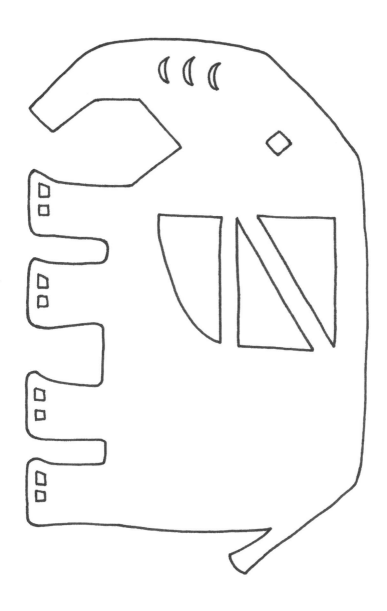

カメ

ライオン

季節のまどかざり

春は花、夏はさかな、秋は落ち葉、冬は雪の結晶。
ひかりを通すビニール素材のカラーシートで季節の切り絵を
つくります。のりをつけなくてもガラスにはれるので、季節
ごとにまどにかざって楽しめます。ひかりがすけて、とても
きれいです。

切り絵

●カラー作品（花）口絵2ページ

作品づくり 応用

用意するもの

のりなしではれる
とうめいカラー
シート

カッター

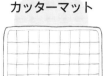
カッターマット

はさみ

つくりかた

① カラーシートのうらの白い紙に下絵をうつします。

図案の紙をかさねると3枚になって切りにくいので、白い紙に直接うつす方法がおすすめです。

● 切り絵の下絵のうつしかた→66ページ

② なかのもようをカッターで切ります。りんかくを切るときは、はさみを使ってもいいです。

カラーシートは紙とおなじように切ることができます。

● はさみを使った切り絵→22ページ
● カッターを使った切り絵→23ページ

③ 白い紙をはがします。

はしからゆっくりはがしましょう。

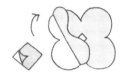

④ まどガラスにはります。

のりをつけなくてもはることができ、何度でもはりなおしができます。色をかさねてはっても楽しいです。くっつきにくくなったら、水で洗うとまたはれます。

● 図案→74ページ

図案 ・・・・・・・・・・・・・・・・・・・・・ ○ △ □

 花

 さかな

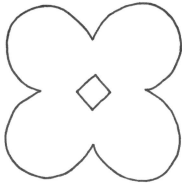

 落ち葉

 雪の結晶

落ち葉は、あなのかたちを
変えてもおもしろいです。

かさねて切ったときに、とりがおなかの部分でつながるように、おなかを画用紙の折り目に合わせてうつしましょう。

 とりのモビール

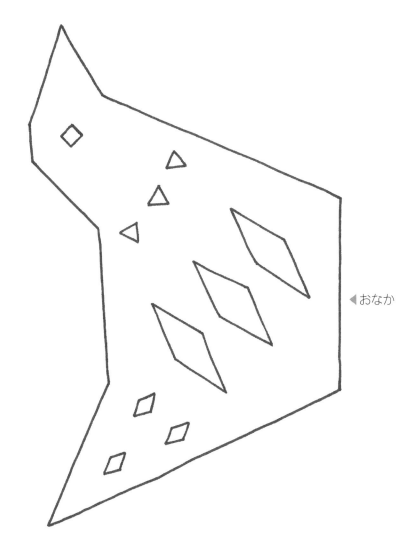

◀おなか

切り絵ステンドグラス
しおりとモビール

画用紙とセロファンを使った切り絵で、ステンドグラスふうのしおりとモビールをつくります。画用紙を２枚かさねて切るので、うらも表もなく、きれいに仕上がります。
できあがった作品をひかりにかざすと、とてもきれいです。

●カラー作品　口絵３ページ

用意するもの

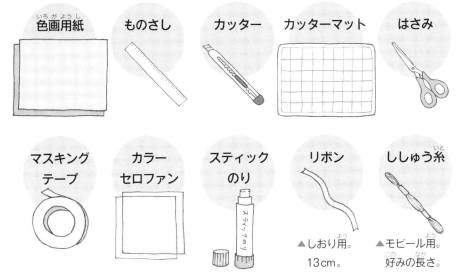

色画用紙／ものさし／カッター／カッターマット／はさみ
マスキングテープ／カラーセロファン／スティックのり／リボン／ししゅう糸

▲しおり用。13cm。
▲モビール用。好みの長さ。

作品づくり ▪ 応用

 ## ［しおり］つくりかた

① 色画用紙を10cm×15cmに切り、図のようにたてに半分に折ります。

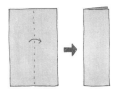

② 折ったままの色画用紙に下絵をうつします。

図案の紙をかさねると3枚になって切りにくいので、画用紙に直接うつす方法がおすすめです。

③ 色画用紙を2枚かさねたままカッターで切り抜きます。

色画用紙がずれないように、はしをテープでとめると切りやすいです。りんかくは、はさみで切ってもいいです。上のまるは、あなあけパンチであけてもいいです。

● 図案→79ページ
● 切り絵の下絵のうつしかた→66ページ
● カッターを使った切り絵→23ページ

④しおりをひらいて、切り抜いたなかのもように合わせてセロファンをはさみで切ります。セロファンの色とはる場所がきまったら、色画用紙にのりをつけてはります。

色をかさねてもおもしろいです。

⑤セロファンをはった面を内側にして、のりをつけて2枚のしおりをはり合わせます。

⑥上のまるいあなにリボンを通してむすびます。

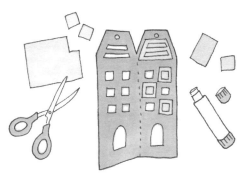

［モビール］つくりかた

①色画用紙を14cm×18cmに切り、図のように半分に折り下絵をうつします。

②折ったままカッターで切ります。ひらいて、切り抜いたなかのもように合わせてセロファンをはります。

りんかくは、はさみで切ってもいいです。

③とりのせなかに糸をつけ、糸をはさむように色画用紙をのりではり合わせます。

④のりがかわいたら、つるします。

●図案→75ページ

◆図案 ……………………… 上のまるいあなはリボンを通すところなので、セロファンをはらないようにしましょう。

家のしおり

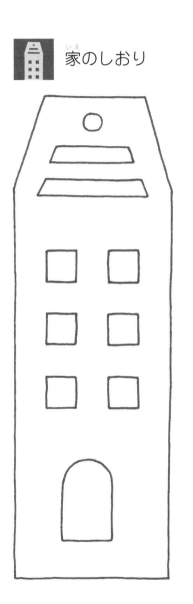

月と星のしおり

切り絵ステンドグラス　ランプシェード

ステンドグラスふうの切り絵でランプシェードをつくります。部屋を暗くして、切り絵からもれるひかりを楽しみましょう。LEDキャンドルを使うので安全です。

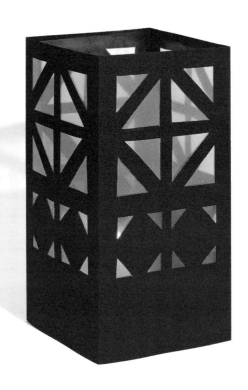

●カラー作品　口絵8ページ

用意(ようい)するもの

 ものさし
 えんぴつ
 カッター
 カッターマット

 色画用紙(いろがようし)
 カラーセロファン
 スティックのり
 LED(エルイーディー)キャンドル

 ## つくりかた

① てんかい図(ず)のように色画用紙(いろがようし)を15cm×33cmに切(き)り、点線(てんせん)にそって折(お)ります。

はしに1cmのりしろをつくっておきましょう。

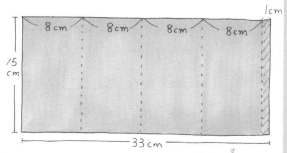
▲てんかい図(ず)

② 左(ひだり)はしの面(めん)だけに下絵(したえ)をうつして、カッターで切(き)ります。

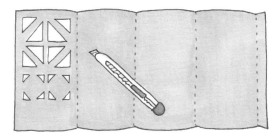

- 図案(ずあん)→83ページ
- 切(き)り絵(え)の下絵(したえ)のうつしかた →66ページ
- カッターを使(つか)った切(き)り絵(え) →23ページ

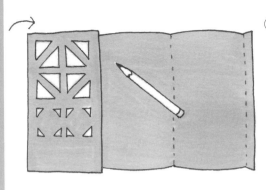

③切った面を折ってとなりの面にかさねます。それを型紙にしてえんぴつで下絵をうつし、カッターで切ります。のこりの面もおなじようにします。

④4面すべて切れたら、切り抜いたもようにあわせてはさみでセロファンを切り、色画用紙にのりをつけてセロファンをはります。

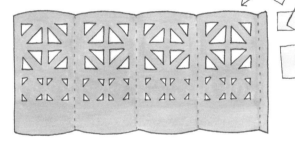

⑤柱状に組みたてたら、のりしろ部分にのりをつけてはり合わせます。

⑥なかにLEDキャンドルを入れて完成です。

部屋の電気を消して、どんなふうにひかるか見てみましょう。

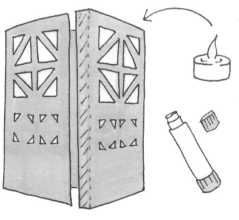

図案 ･････････････････････････････････

ランプシェード

作品づくり・応用

版画

[ステンシル版画]

型紙を使って色をつけるステンシル版画。
わたしたちのまわりにはステンシルの材料が
たくさんあります。
いろいろな方法をためしてみましょう。

色えんぴつで色をつける

色えんぴつなら、かんたんにステンシルが楽しめます。
クレヨンでもためしてみてください。

●カラー作品　口絵4ページ
●切り絵の下絵のうつしかた→66ページ
●ステンシル版画のつくりかた→29ページ

用意(ようい)するもの

 図案(ずあん) ・・・・・・・・・

えんぴつ［2つ折(お)り］

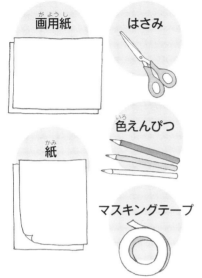

作品(さくひん)づくり ● 応用(おうよう)

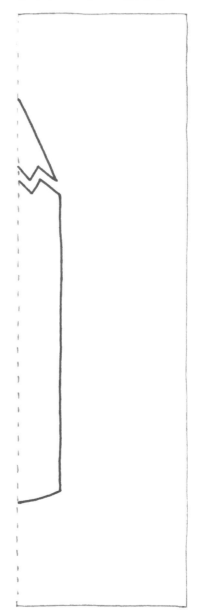

 つくりかた

① 10cm×17cmの画用紙(がようし)を2つ折(お)りにして、中心(ちゅうしん)に下絵(したえ)をうつします。はさみで切(き)って、型紙(かたがみ)をつくります。

② 切(き)り抜(ぬ)いた型紙(かたがみ)を紙(かみ)の上(うえ)において、ずれないようにテープでとめます。

③ 型紙(かたがみ)の内側(うちがわ)に色(いろ)えんぴつで色(いろ)をつけます。

④ 型紙(かたがみ)をゆっくりもちあげてはずします。

スポンジで色をつける

たんぽのかわりにメラミンスポンジを使います。
面や角をうまく使って、色をつけてみましょう。

●カラー作品　口絵4ページ

用意するもの

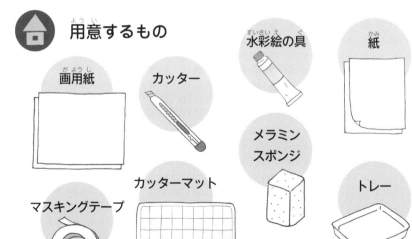

つくりかた

①15cm×15cmの画用紙の中心に下絵をうつしてカッターで切り、ステンシルの型紙をつくります。

②切り抜いた型紙を紙の上において、ずれないようにテープでとめます。

③トレーに水彩絵の具を出してスポンジになじませ、型紙の内側にポンポンとおしつけて色をつけていきます。

④絵の具がかわいたら、型紙をゆっくりもちあげてはずします。

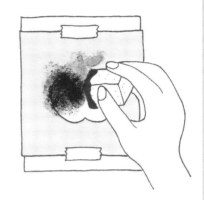

図案

リンゴ

●切り絵の下絵のうつしかた→66ページ
●ステンシル版画のつくりかた→29ページ

スポンジローラーで色をつける

葉っぱのステンシルは、版画用のスポンジローラーで色をつけると、きれいにかたちをうつしとることができます。

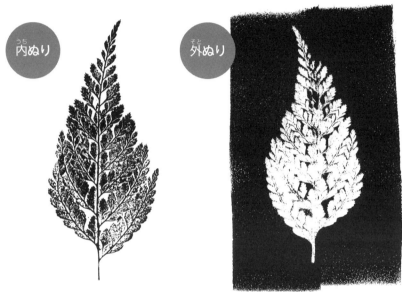

●カラー作品　口絵4ページ

用意するもの

◀内ぬりはバレンで刷るので版画を刷る紙を使ってください。外ぬりは画用紙でもだいじょうぶです。

つくりかた

[外（そと）ぬり]

①インクねり板（ばん）の上（うえ）に絵（え）の具（ぐ）を出（だ）して、ローラーでむらなくたいらになじませます。

②紙（かみ）の上（うえ）に葉（は）っぱをおいて、葉（は）っぱの上（うえ）にローラーをころがして絵（え）の具（ぐ）をつけます。

葉（は）っぱがローラーにからまってしまわないように指（ゆび）でおさえます。

③ゆっくり葉（は）っぱをもちあげます。

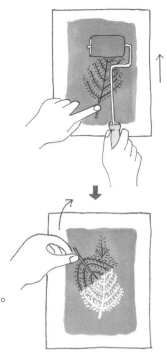

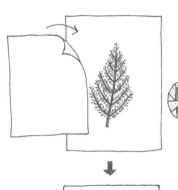

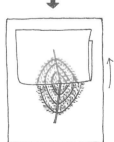

[内（うち）ぬり]

①外（そと）ぬりのときとおなじように、葉（は）っぱの上（うえ）にローラーをころがして葉（は）っぱに絵（え）の具（ぐ）をつけます。

葉（は）っぱがめくれないように、おなじ向（む）きにローラーを動（うご）かします。

②きれいな紙（かみ）の上（うえ）に葉（は）っぱを移動（いどう）させ、刷（す）る紙（かみ）を上（うえ）においてバレンで刷（す）ります。

③紙（かみ）をそっとめくれば刷（す）りあがりです。

クリアファイルで型紙をつくる

クリアファイルでステンシルの型紙をつくれば、洗って何度でも使えます。
型紙をうらがえせば、かげをつけることもできます。

●カラー作品　口絵5ページ

作品づくり ■ 応用

用意するもの

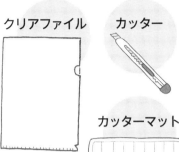
クリアファイル　カッター　水彩絵の具

紙

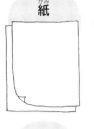
マスキングテープ

カッターマット　たんぽ　トレー

油性ペン

つくりかた

①クリアファイルを15cm×15cmに切り、図案の上にかさねて、油性ペンで中心に下絵をうつします。カッターで切って、ステンシルの型紙をつくります。

②切り抜いた型紙を、紙の上においてずれないようにテープでとめます。

③トレーに水彩絵の具を出して、たんぽになじませ、型紙の内側にポンポンとおしつけて色をつけていきます。

④かげをつけるときは、型紙を水で洗ってうらがえし、黒など暗い色の絵の具を使いましょう。

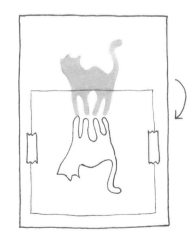

●図案→92ページ
●ステンシル版画のつくりかた→29ページ

図案

ネコ

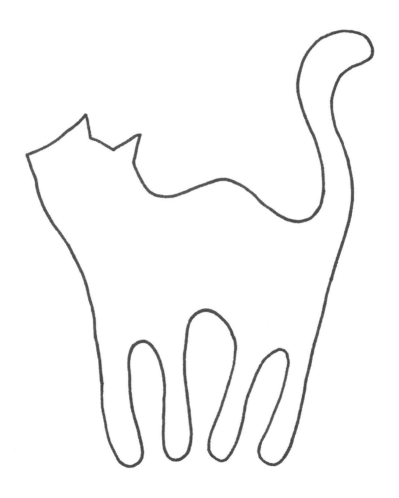

図案

パンダ

作品づくり ■ 応用

[ゴム版画]
白黒どうぶつ

ひかりとかげは、白と黒というとらえかたもできます。
白と黒のどうぶつ、パンダ、シマウマ、マレーバクを
ゴム版画でつくってみましょう。
彫るところは白、のこすところは黒になります。

●カラー作品　口絵5ページ

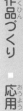

用意するもの

[版画を彫る]

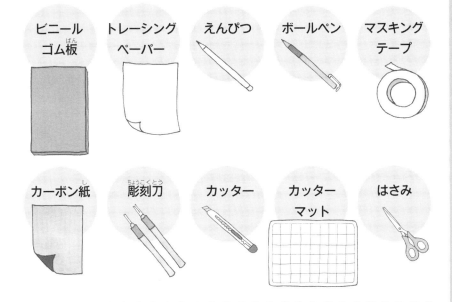

- ビニールゴム板
- トレーシングペーパー
- えんぴつ
- ボールペン
- マスキングテープ
- カーボン紙
- 彫刻刀
- カッター
- カッターマット
- はさみ

[版画を刷る]

- 版画を刷る紙
- インクねり板
- ヘラ
- バレン
- 版画スポンジローラー
- 水性版画絵の具
- 新聞紙

▲黒色を使います。

つくりかた

①ゴム板に下絵をうつします。
②彫刻刀で彫り、まわりをはさみやカッターで切りとります。
彫るところに、斜線やしるしをかいておくとわかりやすいです。

③インクねり板に版画絵の具をのばして、ローラーで版に絵の具をつけます。
④版の上に紙をおいてバレンで刷ります。

● ゴム版画の下絵のうつしかた→31ページ
● ゴム版画の彫りかた→32ページ
● ゴム版画の刷りかた→34ページ

● 図案　パンダ→93ページ／マレーバク→96ページ／シマウマ→97ページ

図案　マレーバク

図案

シマウマ

作品づくり ■ 応用 ■

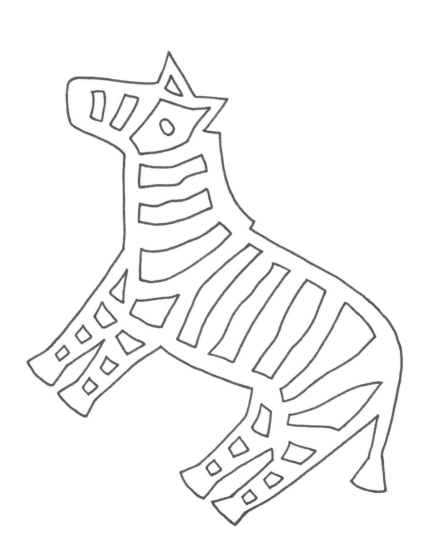

2色刷り版画

版画を2色で刷ってみましょう。
2つの版を彫って、おなじ紙にかさねて刷ります。
2つ彫るので大変かもしれませんが、刷ったときに色が合わさると、とてもすてきな作品ができあがります。
図案は「ブレーメンのおんがくたい」の一場面です。

●カラー作品　とびら

用意するもの

[版画を彫る]

ビニール
ゴム板×2

▲10cm×15cm
（はがきサイズ）のゴ
ム板を2つ用意します。

えんぴつ

ボールペン

▲2色あると便利です。

マスキング
テープ

トレーシング
ペーパー

カーボン紙

彫刻刀

[版画を刷る]

水性版画絵の具

▲ここでは、
黄色とこん色を
使います。

ヘラ

版画を刷る紙

バレン

インク
ねり板×2

版画スポンジ
ローラー×2

新聞紙

作品づくり・応用

図案

ブレーメンの
おんがくたい

自分で下絵をかくときは、どこをどの色にするか考えながらかきましょう。色えんぴつで下絵に色をぬるとわかりやすいです。

つくりかた

①えんぴつでトレーシングペーパーに下絵をうつします。かならず、まわりの四角の線もうつしましょう。

ゴム板のサイズは、10cm×15cmです。

②トレーシングペーパーをうらがえして、うつしたまわりの線をゴム板に合わせてテープでとめ、あいだにカーボン紙をはさみます。

はみだしているトレーシングペーパーは、ゴム板のうらにまわしてしっかりとめます。

③1つめの版に黄色で刷るところの線だけ、ボールペンでなぞってうつします。

- ゴム版画の下絵のうつしかた
  →31ページ
- 見本→104〜105ページ

④2つめの版もおなじ下絵のトレーシングペーパーを使って、こん色で刷るところだけの線をうつします。

うつすときにボールペンの色を変えるとわかりやすいです。

▶黄色で刷る版。どうぶつの内側と枠の外側を彫ります。

▶こん色で刷る版。どうぶつの外側をすべて彫ります。

作品づくり ■ 応用

⑤ 2つの版を彫ります。
刷るときに版の大きさを紙のしるしに合わせるので、背景は切りとらずにまわりもすべて彫ります。

彫りのこしがあると、刷ったときに絵の具がついてしまいます。きれいに彫りましょう。

●ゴム版画の彫りかた→32ページ

⑥ 黄色とこん色の版画絵の具を、それぞれインクねり板に出して、ローラーでのばします。

⑦ 紙に、刷る紙の大きさがわかるようにしるしをつけて、そのなかに版の大きさがわかるようなしるしもつけます。

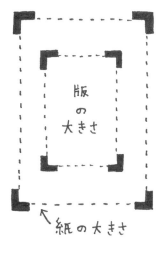

●ゴム版画の刷りかた→34ページ

⑧黄色の版に絵の具をつけて、版のしるしに合わせて紙の上におきます。その上に刷る紙を、紙のしるしに合わせておき、バレンで刷ります。

うすい色から順番に色をかさねるときれいに刷れます。

⑨こん色の絵の具をつけた版をしるしに合わせておきます。その上に黄色の版を刷った紙を紙のしるしに合わせておいて、バレンで刷ります。

図案以外に絵の具がつかないように、気をつけてローラーをころがします。

⑩2色が組み合わさった版画作品のできあがりです。

版と紙をおく位置がずれると、合わさった絵もずれてしまいます。しるしにきっちり合わせましょう。

彫った版の見本

うすい色から
刷ります。

● 黄色の版 ［1つめの版］
どうぶつの内側と枠の外側
を彫った版です。

↓

● 黄色の版だけ
刷ったとき

つぎに、こい色を
かさねて刷ります。

● こん色の版［2つめの版］
どうぶつの外側をすべて彫った版です。

● こん色の版だけ
刷ったとき

写真

[カメラでとる写真]

さんぽで
かげを見つけよう

テーマのものをさがしながらさんぽすると楽しいです。かげをテーマに写真をとりにいきましょう。いつも見ている景色も、かげをさがしながら歩くと、またちがった景色に見えるでしょう。

作品づくり　応用

　用意するもの

カメラ

カメラはたいせつに使いましょう。
ストラップがついていたら、首からかけます。

　あそびかた

①カメラをもって、晴れた日にさんぽにでかけます。

くもっているとかげがくっきりでないので、晴れた日の明るい時間がいいです。

②地面やかべにうつったおもしろいかげを見つけたら、写真をとります。

公園の遊具のかげ、植物のかげ、かげとかげが組み合わさったかげなど、いろいろなかげを見つけてみましょう。

③気に入った写真がとれたら、プリントして作品にしましょう。

●カメラでとる写真→38ページ

［日光写真］
いろいろな顔

ボタンの目、安全ピンの鼻、クリップの口、ししゅう糸のかみの毛など、いろいろなものを組み合わせて顔をつくり、日光写真にしてみましょう。

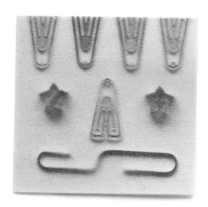
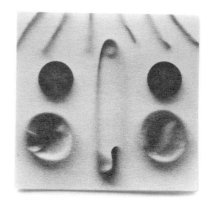

●カラー作品　口絵6ページ

用意するもの

画用紙
▲6cm×6.2cm（コピーアートペーパーとおなじ大きさ）

コピーアートペーパー
▲ひかりにあたらないように、使う直前までアルミぶくろに入れておきます。

顔のパーツに使うもの

タイマー

アイロン・アイロン台

●日光写真のもの見本→42〜43ページ

つくりかた

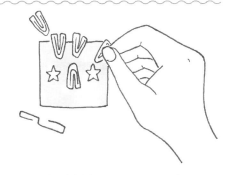

① コピーアートペーパーとおなじ大きさの画用紙の上に、顔のパーツにえらんだものをおいて構図を決めます。

② 構図が決まったら、コピーアートペーパーの上にパーツを移動させ、日光にあてて感光させます。

日光にあたるとすぐに感光がはじまるので、すばやく準備しましょう。

③ 約5秒間、アイロンで熱を加えます。

感光させたらすぐにアイロンをあてましょう。アイロンは、やけどに注意しておとなといっしょに使いましょう。

●日光にあてる時間→40ページ
●日光写真のあそびかた→41ページ

葉っぱコレクション

いろいろな種類の葉っぱをあつめて日光写真にしましょう。
こまかい葉っぱのかたちや、虫食いの葉っぱのあなまで
きれいにうつります。
葉っぱのシルエットはどれもとてもきれいです。
あつめた葉っぱの日光写真は台紙にはって仕上げましょう。

用意するもの

[日光写真]

コピーアートペーパー

クリアファイル

▲ひかりにあたらないように、使う直前までアルミぶくろに入れておきます。

葉っぱ

▲新聞紙にはさんで、重しをしておし花にすると、湿気がとれてたいらになります。

アイロン・アイロン台

タイマー

カメラ

作品づくり ― 応用

 つくりかた

①葉っぱを用意します。葉っぱがたいらだときれいにかたちがうつるので、まるまってしまわないようクリアファイルにはさみます。

いろいろな種類の葉っぱをあつめると楽しいです。

大きい葉っぱより、ちいさめの葉っぱのほうが、写真のなかにおさまりやすいです。

きれいな葉っぱだけではなく、虫食いの落ち葉もおもしろくうつります。

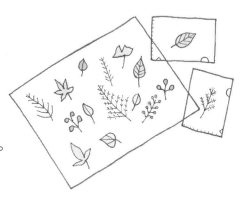

②コピーアートペーパーの上に葉っぱをおき、日光にあてて感光させます。

葉っぱがコピーアートペーパーより大きい場合は、はみだしてもだいじょうぶです。
クリアファイルはひかりを通すので、うつりません。

③約5秒間、アイロンで熱を加えます。

感光させたらすぐにアイロンをあてましょう。アイロンは、やけどに注意しておとなといっしょに使いましょう。

●日光にあてる時間→40ページ
●日光写真のあそびかた→41ページ

●葉っぱと日光写真

うつした葉っぱとその日光写真は、いっしょにカメラでとって、のこしておくといいでしょう。

●カラー作品　口絵7ページ

用意するもの

[台紙をつくる]

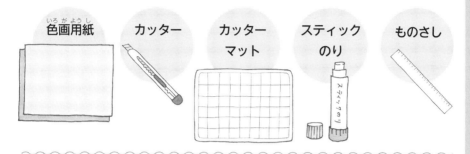

色画用紙　カッター　カッターマット　スティックのり　ものさし

 ## つくりかた

① 色画用紙を30cm×30cmに切ります。

② 画用紙の上に葉っぱの日光写真をバランスよくならべて、のりではります。

コピーアートペーパーの大きさは6cm×6.2cmで、正方形ではありません。
向きを合わせてつくると、台紙にはったときにそろってきれいです。

● 見本は、日光写真16枚の台紙です。
● 写真の数に合わせて画用紙の大きさを調整してください。

絵の具のついた道具の片づけかた

あそび終わったら、きちんと絵の具や道具を片づけましょう。版画をちがう色で刷りたいときもおなじです。

ステンシルの型紙

画用紙でつくった型紙は、絵の具が自然にかわくまでおいておきます。クリアファイルの型紙は水で洗いましょう。

たんぽ・メラミンスポンジ

絵の具がしみこんでしまっているので、再利用はできません。

トレー

絵の具を水で洗いながします。

ゴム版

版についた絵の具を水で洗いながします。

版画スポンジローラー

新聞紙の上でローラーをころがして絵の具をできるだけ落としたあと、水できれいに洗いながします。

インクねり板・ヘラ

ヘラでのこった絵の具をあつめて新聞紙でこすりとってから、水で洗いながします。

●片づけは終わったものをもとにもどすだけではなくて、つぎにあそぶための準備です。きもちよく片づけて、また楽しくあそびましょう。

組み合わせてつくる

応用（おうよう）

「切り絵」「版画」「写真」を組み合わせて作品をつくりましょう。
組み合わせることで技法のちがいを楽しむことができ、作品の完成度もあがります。

切り絵 ＋ ステンシル版画

ピエロとかげのカード

ピエロの切り絵と、切り抜かれた画用紙を型紙にしたステンシル版画を組み合わせて、ピエロにかげがついたカードに仕上げます。

●カラー作品　口絵3ページ

組み合わせてつくる　応用

 用意するもの

- カッター
- はさみ
- 色画用紙
- 水彩絵の具（黒）
- スティックのり
- カッターマット
- ものさし
- マスキングテープ
- たんぽ
- トレー

 つくりかた

① 17cm×20cmの切り絵用の色画用紙を2つ折りにして、下絵をうつして切ります。

ステンシルの型紙に使うので、画用紙は図案より2〜3cm大きいものを使って中心に下絵をかきましょう。なかのもようはカッターで切り、まわりをはさみで切ってもいいです。

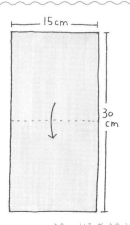

② カード用の色画用紙を15cm×30cmに切って、正方形になるように半分に折ります。

- 図案→119ページ
- 切り絵の下絵のうつしかた→66ページ

③カードをひらき、折り目にピエロの足を合わせて、のりではります。

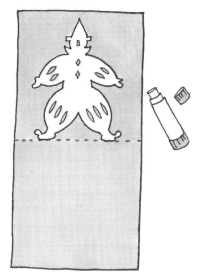

④切り抜かれた色画用紙を、ステンシルの型紙にします。型紙のピエロの足が、切り絵のピエロの足につながるようにおいてテープでとめます。

⑤たんぽに黒の絵の具をなじませ、型紙の内側にポンポンとおしつけて色をつけていきます。

カードや切り絵を絵の具でよごさないように注意しましょう。

⑥絵の具がかわいてから、型紙をゆっくりもちあげてはずします。

●ステンシル版画のつくりかた→29ページ

ピエロ
[2つ折り]

組み合わせてつくる ■ 応用 ■

切り絵 + 写真

色のついたひかりとかげ

切り絵やステンシルの型紙として切り抜いた色画用紙に、カラーセロファンをはってひかりにかざすと、色画用紙のかげは黒くなり、セロファンのかげには色がつきます。きれいなひかりとかげの写真をとってみましょう。

●カラー作品　口絵8ページ

組み合わせてつくる　応用

用意するもの

カメラ

切り絵で切り抜いたあとの色画用紙

カラーセロファン

はさみ

スティックのり

▲ステンシルの型紙でもいいです。

つくりかた

①切り絵で切り抜いたかたちに合うように、カラーセロファンをはさみで切り、色画用紙にのりをつけてはります。

②太陽や電気のひかりにかざすと、セロファンがひかりを通して色のついたかげができます。
地面、かべ、無地のカーテン、布などにきれいにうつります。

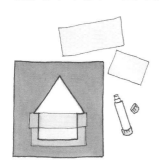

③作品とかげをいっしょに写真にとります。

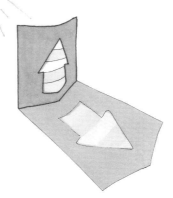

- ●図案→24ページ
- ●はさみを使った切り絵→22ページ
- ●カッターを使った切り絵→23ページ
- ●カメラでとる写真→38ページ

切り絵 ＋ 日光写真

さかなのじゃばら絵本

ちいさなさかなの切り絵をつくり、絵本の主人公にしましょう。背景になるものをあつめて、日光写真をつくります。色画用紙をじゃばらに折って日光写真をはり、絵本に仕上げます。

●カラー作品　口絵7ページ

用意するもの

[切り絵日光写真をつくる]

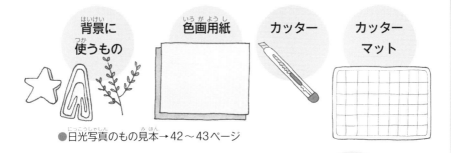

●日光写真のもの見本→42〜43ページ

▲ひかりにあたらないように、使う直前までアルミぶくろに入れておきます。

[じゃばら絵本をつくる]

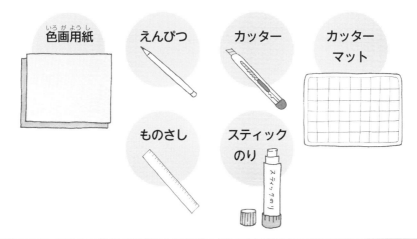

組み合わせてつくる　応用

つくりかた

 図案　ちいさなさかな

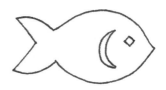

① 色画用紙に下絵をうつして、切り絵をつくります。

色画用紙はすきな色を使いましょう。

- ●切り絵の下絵のうつしかた→66ページ
- ●カッターを使った切り絵→23ページ

② コピーアートペーパーの上にさかなと背景になるものをおき、日光にあてて感光させます。

③ 約5秒間、アイロンで熱を加えます。

感光させたらすぐにアイロンをあてましょう。アイロンは、やけどに注意しておとなといっしょに使いましょう。

●日光にあてる時間→40ページ

●日光写真のあそびかた→41ページ

④ さかなの位置や背景におくものを変えて、いろいろな場面をつくります。

じゃばらの面は片面で5枚です。絵本にはりたい枚数をつくりましょう。

コピーアートペーパーの大きさは6cm×6.2cmで正方形ではありません。向きを合わせてつくると、絵本にしたときにきれいです。

▼てんかい図

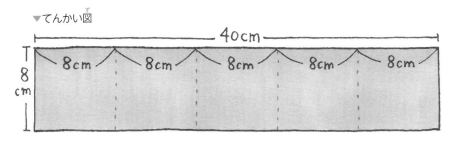

⑤てんかい図のように色画用紙を8cm×40cmに切り、点線にそってじゃばらに折ります。

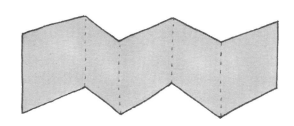

⑥おはなしになるように、折った面に1枚ずつ日光写真をならべます。

⑦のりではったら、できあがり！

わたしの道具

切り絵や版画の作品をつくるときに、わたしがふだん使っている道具です。道具をそろえるときの参考にしてください。

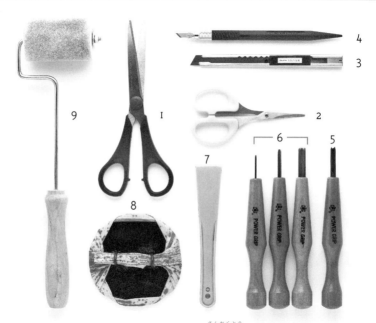

1. はさみ
2. クラフト用小型はさみ
   刃がみじかく小まわりがききます。
3. カッター
   大きいものより手の大きさにあったものがいいです。
4. えんぴつ型カッター
   こまかいところも切りやすいです。
5. 三角刀
   にぎりやすいかたちの彫刻刀で初心者にもおすすめです。
6. 丸刀
   図案や彫るところに合わせて、太さのちがう3種類を使いわけています。
7. ヘラ　8. バレン
9. 版画スポンジローラー

●この本で紹介している材料・道具は2019年3月の時点では購入可能です。

あとがき

　この本は、『つくろう！　あそぼう！　かたちともよう』につづく、つくってあそぶガイドブックの第2弾です。「かたちともよう」では「切り紙」「スタンプ」「版画」という3つの技法を紹介しました。今回は「ひかりとかげ」をテーマに、「切り絵」「版画」「写真」という3つのあそびを紹介しています。

　いろいろな技法をためすうちに、ものをつくることは、どこか似ていたりつながっていたりするということに気づかされます。つくった作品をくらべても、そのことがわかります。写真と葉っぱのステンシルはあるもののかたちをうつすというおなじ表現ですし、切り絵の「切る・のこす」ことと版画の「彫る・のこす」こともおなじ考えかたです。

　なにかをつくったりあそんだりするとき、どうやってつくるのか、どうやったら楽しくあそべるのかを考えるのはたいせつなことです。毎日の生活のなかにも、つくってあそぶことのヒントがかくされています。みなさんも身のまわりにある「ひかりとかげ」をさがしてみてください。つくってあそぶためのアイディアがうかんでくるでしょう。
　この本が、みなさんが「ひかりとかげ」をつくってあそぶときのヒントになればうれしいです。

　　　　　　　　　　　　　　　　　　　　　　むらかみひとみ

むらかみ ひとみ

絵本作家・イラストレーター。1979年大阪生まれ。東京在住。イタリア・フィレンツェの版画工房で技術を学ぶ。2003年、2005年、2006年、ボローニャ国際絵本原画展入選。絵本や挿画、実用書を手がけるほか、こども向けのワークショップをおこなっている。著書に『つくろう！ あそぼう！ かたちともよう』（玉川大学出版部）、絵本に『まっくらなよるとばくのムー』（ヴィレッジブックス）、『ヤマネのナノのぼうけん』（岩崎書店）、挿画に『サヤエンドウじいさん』（日本標準）、装画に『司書と先生がつくる学校図書館』（玉川大学出版部）、『キラキラ応援ブックトーク 子どもに本をすすめる33のシナリオ』（岩崎書店）、『がんばれ！ 児童図書館員』（東京子ども図書館）などがある。

murakamihitomi.com

撮影：山内敦視

ブックデザイン：中浜小織（annes studio）
協力：Sola 1冊の本プロジェクト

編集・制作：株式会社 本作り空 Sola
http://sola.mon.macserver.jp

つくろう！ あそぼう！ ひかりとかげ
切り絵・版画・写真

2019年6月25日　初版第1刷発行

作―――むらかみひとみ
発行者―――小原芳明
発行所―――玉川大学出版部
　〒194-8610　東京都町田市玉川学園6-1-1
　TEL 042-739-8935　FAX 042-739-8940
　http://www.tamagawa.jp/up/
　振替：00180-7-26665

印刷・製本―――港北出版印刷株式会社
乱丁・落丁本はお取り替えいたします。
©Hitomi Murakami 2019　Printed in Japan
ISBN978-4-472-40548-8 C0037 / NDC798